Иван Златковић
ШУМА

Библиотека
РАД

Уредник
СИМОН СИМОНОВИЋ

На корицама:
Сава Шумановић: „Поплава", 1917-1918.

Иван Златковић

ШУМА

РАД

ШУМА

МАЈКА

Дође
По језике
Шапа
Тичјих

Благослове
Очњака

Сањива корака
Целива
Голе репове

Скрива чедно
Крила
За курјаке

ВУК

Грло
Разјапљено
Премости
Две утробе
На појилу

Трешњу румену
Петељки мајчиној
Откине
Вучји залогај

Запалаца
Језичинама
Тада

Закрца
Злурадо
И смртно

Звериња дамари

(*Пева се у вучјем колу, губицу разврнеш
наопачке, и играш без ногу*)

ПУТНИК

Иште студенице
Гушицу белу

Жарне сисе
Погачу
Глад
Рзавим језиком

Иште накотнице
Пут врелу

Змије потпражнице
Ђувегије
Рогом
И копитом

ЈЕЗИК

Ко змај
Репато
Зазори
Ватриво

Пирлија
Зубима
Коло замеће

Крстом
О пећину везано
Све му се
Може
Свукуд
Крочи

Звер га
Одвајкад
Доји

ЗМИЈА

Леден гнездо
Земљи свила

Сенку модру
Заточила

Жуком сисом
Тића
Ваби

Небу
Орла
Нахушкала

*(Ћути се три пута, и испије крв мишја, да не
упамти)*

ШУМА

Звериње ово
Што дробином
Урла

Вечно
И вечно нас
Ждрати

Џаба хајке
Главосечја

Препадне се
И прићутне
Кожурину
Преобрати

Наново
Разгоропади

ПУЖ

Пије
Седам вода
Корак
Мравља суза

Опаше шуму
Ватра бела
Буде вучја
Постеља

Питаш
За кућу
Пљуне те
Међ рогове

КОСТ

Дебља од земље
Дојком маслачка
Никла

Ђерданом зуба
Вучју крв
Разгони

Плећима
Рани сени
Сољу
Под непцима

У грло јој
Тица
Никад
Не коракне

*(Спава у пећини с три ока, длакава ко и змија, ко
је наваби, довека је крије)*

КИША

Месечеву капљу
Подај
Курјаку

Тичје око
Санено

Урликом
Шумска прамајко
Ноћ
Да јутримо

Невид сунца
Камен му
До грла

Небеским неситима

КОРЊАЧА

Траве што
Спавају
Пресите
Очију
И тица

Камен кад
У воду
Покрстио

Памти

Курјаке
Голуждраве
И пашчад

Нашу пећину
Док мајку
Делимо

КАМЕН

Умор
Над водом
Навуко
Одежду
Вука

Од немира
Древнији
И себе

Сувом
Жилом
Ено
Суза му
Прокука

ЗЕМЉА

Обрежеш
Зубом сенке
Постане
Вода

Над змијом
Обрасте очима
Камен
Стрпљива

Раниш је
Породи зрно
Мирније
Од гроба

ЗЕЦ

Круну нађе
Под земљом
Кукала му
Мајка

Појео ражањ
Звер
Не боји се
Никога
Брабоњак
У нама

Реп
Од камена
Ушију нема

Ког зајаше
Ала алу
Појахала

ИЗВОР

Васкрсни
Родиљу
Кости
Оневидлој
Вукодолу
Муклом
Глагољивој
Сени
Распретај
Жива водо
Лелеј
Сисом од глува
Рајском оку
Благословном
Расеци кришку
Дозубе земље
Тицу
Гушом
Задени

*(Стави се нож у грло, и заборави зечја глава, кога
препознаш у води, тај пропева)*

ОБЛАК

И жељан
Тицу
Појахо

Ватром
Бео
Врг
Снује

Гладној звери
Себе пода

Оцу небеском
Рајска
Обрва

ТИЦА

Немуштима
Круном корака
Прсима
Младог сунца
Земљом
Зорила

Усном
Око и колевка

Не зоба
Сенки дарове
Крилом овијена

Где тмила
Камена месечава
Тамо зубља
Никла
Танана

(Никад змију не видела, пу пу пу, серма те изела)

СЕНКА

Има је
Од тичјег
Зова

Оде
Те заиште
Леба
И воде

Чеднија
Од извора
Сунцем окумљена
У сваком
Сабрата
Нађе

Под земљом
У оку
Снива

ПАЊ

Модра крила
Носе
Анђели

Умиру секире
Гнездима
Дивљег кестена
Пред осудом

Бакља румена
Каменим стопама
Крв
Искона

Ничу иконе
Оком
Младог јелена

МИШ

Какав јунак
Гором
Лаје

До два зуба
Четири
Унапредак

Курјак
Међу облакове

Руса глава
Три дебела
Мрава

Уснила га
Кучка кауркиња
Бела кула
Суза негледана

Ваља курва
Триста намастира
Богом туре
Губа разгубала

ПЕЋИНА

Камена невеста
Језик
Усекла

Не видиш
Мужа
Ни девера

Под сисом
Коска
Лапће

Свака сенка
Вучја
Вечера

ТРАВКА

Звер
Ни тица

Ни кост
Земља

Камен
Ни сенка

Само
Реч
Откључава

(*Треба ти корњача, шапу имаш, па низ шуму*)

ЦРВ

Турио
Језик
Под репину

Обреко
Дукате
И главу

Сису девојачку
Попудбину
Док доваби
Јање
И разјари
Браве

У земљу
Сађе
Разбрати
Змију
И мраве

ЗРАК

Немушто
Зрно
Разјарено

Бисерним мачем
Гиздаво
Ужижило

Зором огањ
Шуму
Уресило

ПУТ

Амено
Jaje камено
Здухач силни
Греха материног

Вук од месечине
Људских копита
Прекрсти се
Со међ мртвима

Оде брдом
У ветрове

МУЊА

A
Голуб један
Ватром срсном
Накресан

Устима титравим
Медним

Вину се крилат
У дубине
Горске

Срму своју
Небом
Гори

ЛИСТ

Све стане
И кућа
И извор
И шума

Под језиком
Сопће
Вук
Око
Преврне
У тицу

Носи
Лучу међ
Жилама

(*Можеш да пијеш с његових усана, и прогледаш
тамо, где су те браћа изујeдала*)

ОТАЦ

Оглоће роћене
Шапе
Окачи нокте
О крик камени

Разјари вука
Грлом

Обалави
Мајчину
Длаку

Легне
Пода мрак
Ко ваш
Зором
Никад
Не угледа шуму

ЖИТЕЉИ

АЛА

Брабоњак
Брав
Брдо

Ватра
Ваш
Ветар
Вода
(жива)
Вук

Гнездо
Голуб
Грло
(разјапљено)
Гроб
Губица
Гуша, гушица

Жила
(сува)

Звер
(гладна)
Звериње
Здухач
(силни)

Земља
(дозуба)
Зец
Змај
Змија
(потпражница)
Зрак
Зора
Зуб
Зубља

Извор

Јаје
(камено)
Јање
Језик
(рзав)
Језичина
Јелен
(млади)

Камен
Кестен
(дивљи)
Киша
Кожурина
Колевка
Копито
Корњача
Кост
(оневидла)

Крв
(вучја)
Крик
(камени)
Крило
(модро)
Курва
Курјак
Кучка
(кауркиња)

Леб
Лелеј
Лист
Луча

Мајка
Маслачак
Мрав
Муња

Небо
Невеста
(камена)

Нож
Ноћ

Облак
Огањ
Око
(благословно, мајчино, рајско, санено, тичје)

Орао
Очњак

Пањ
Пашчад
Пећина
Појило
Пуж
Путник

Реп
Репина
(гола)
Реч
Рог

Сабрат
Секира
Сенка
(глагољива, модра)
Серма
Сиса
(девојачка, жука)
Со
Срма
Срце
Суза
(мрављa, негледана)
Сунце
(младо)
Тић
Тица

Трава
Травка

Усна
Уво

Црв

Шапа
(рођена, тичја)

БОЈАТИ

Вабити
Васкрснути
Видети
Винути

Горети

Делити
Дојити
Доћи

Ждрати

Заборавити
Зазорити
Заденути
Закрцати
Заметати
Запалацати
Запатити
Заточити
Зобати

Играти
Изести
Изујести
Имати

Испити
Иштати

Јутрити

Коракнути
Крити
Крочити
Кукати

Лајати
Лаптати
Лећи

Моћи

Навући
Навабити
Нахушкати
Наћи
Немати
Нићи
Носити
Обалавити
Обрасти
Обрезати
Обрећи
Оглодати
Окачити
Опасати
Откинути
Отићи

Памтити
Певати
Питати
Пити
Пљунути
Подати
Појахати
Појести
Покрстити
Породити
Постати
Преврнути
Прекрстити
Премостити
Преобратити
Препаднути
Препознати
Прићутнути
Прогледати
Прокукати
Пропевати

Разбратити
Разврнути
Разгонити
Разгубати
Разјарити
Разгоропадити
Ранити
Расећи
Распретати

Саћи
Свијати
Скривати
Снити
Соптати
Спавати
Ставити

Турити

Угледати
Ужижити
Умирати
Уресити
Урлати
Усећи

Целивати

A

Где

Да
До
Док

Ено

За

И

Ко

Међ

На
Над
Ни

О
Од

По
Под

Тамо

У

О ПИСЦУ

Иван Златковић рођен је у Нишу 1962. године. Дипломирао је и магистрирао на Филолошком факултету у Београду (група за науку о књижевности).

Радио је као професор, библиотекар, уредник часописа *Расковник*.

До сада је објавио следеће књиге:

Антологија народних песама о Марку Краљевићу (коауторска књига са Миланом Лукићем), Београд, 1996; друго издање, Завод за уџбенике и наставна средства Београд (Београд, 2005);

Повратак (роман), Плато, Београд, 2003; друго издање, 2006.

Епска биографија Марка Краљевића, Рад, КПЗ, Институт за књижевност и уметност, Београд, 2006.

Живи и ради у Аранђеловцу.

САДРЖАЈ

ШУМА

ЖИТЕЉИ

CIP - Каталогизација у публикацији
Народна библиотека Србије, Београд;

821.163.41 - 1

ЗЛАТКОВИЋ, Иван - Шума / Иван Златковић - Београд :
Рад, 2007 (Лазаревац : Елвод-принт). - 50 стр. ; 20 цм. -
(Библиотека Рад) - О писцу : стр. 48.

ISBN 978-86-09-00969-3

COBISS. SR-ID 143411468